INGLÉS PARA NIÑOS

Es indudable que, en la actualidad, el inglés se ha convertido en requisito indispensable para tener acceso a la información, a mejores empleos y, en general, para abrirnos las puertas de un brillante futuro. Aprender esta lengua se ha convertido en una necesidad para todos, especialmente para los niños, pues ellos viven desde sus primeros años bajo la enorme influencia de este idioma universal.

Inglés para niños es una obra basada en los más avanzados sistemas de enseñanza. Su novedoso método logra que los pequeños se acerquen de manera natural, sencilla y rápida a los fundamentos que permiten un dominio pleno del inglés.

Por si fuera poco, también los adultos se beneficiarán enormemente de la valiosa información contenida en este libro. Con *Inglés para niños*, toda la familia entrará al fascinante mundo del inglés en un abrir y cerrar de ojos. Su vida no volverá a ser la misma.

José Francisco Hernández

INGLÉS PARA NIÑOS

**Obra publicada inicialmente
con el título de:** *You Can Do It*

actualidad editorial

Dr. Erazo 120
Colonia Doctores
México 06720, D.F.

Tel. 588 72 72
Fax 761 5716

INGLÉS PARA NIÑOS

Diseño de portada: Antonio Ruano
Ilustración de interiores: Claudia Campuzano Bellón

Copyright © 1998, Selector S.A. de C.V.
Derechos de edición reservados para el mundo

ISBN-13:978-970-643-104-2
ISBN-10:970-643-104-7

Décima Séptima reimpresión. Junio de 2007.

Características tipográficas aseguradas conforme a la ley.
Prohibida la reproducción parcial o total de la obra
sin autorización de los editores.
Impreso y encuadernado en México.
Printed and bound in Mexico.

CONTENIDO

El método	7
First words	11
Who are you?	19
Where is...?	27
Do you have?	39
The house	47
What are you doing?	55
The family	67
Numbers and colors	75
One more time	85
Lucy at the stationery shop	91
What is this?	99
The days of the week	109
Review	121
Vocabulary	145

EL MÉTODO

Una de las mayores dificultades para enseñar inglés de manera tradicional a niños pequeños consiste en el hecho de que desconocen la estructura formal de la lengua: aun los niños de ocho a diez años manejan de manera muy elemental la gramática de su propio idioma. Por esta razón, la enseñanza del inglés para niños debe, necesariamente, adecuarse a los conocimientos que ya poseen. El presente volumen presenta un sistema de enseñanza del inglés que requiere una sola condición: que los niños que emprendan el estudio de este idioma sepan leer y escribir. La metodología del presente libro está basada en los estudios e investigaciones que sobre el lenguaje han realizado los mundialmente famosos Jean Piaget, B.F. Skinner y Pavlov.

Piaget y Skinner han dedicado gran parte de sus vidas a estudiar el fenómeno del aprendizaje de los niños. La pregunta fundamental es: ¿cómo aprenden los niños a conocer? Los resultados de sus investigaciones han permitido a los pedagogos y a los teóricos del conocimiento saber de manera exacta cómo, en el campo del lenguaje, los

Inglés para niños

niños son capaces de aprender a hablar sin la necesidad aparente de una enseñanza sistemática. Todos aprendimos a hablar nuestra lengua materna a una edad muy temprana y esto, aunque parezca obra de la casualidad, se debe en realidad a un sistema a la vez simple y complejo de conocimiento por medio de repeticiones y analogías. Pavlov, por su parte, hizo una aportación mayúscula al demostrar el valor del condicionamiento en el aprendizaje.

Estas teorías, aplicadas a la enseñanza de un idioma extranjero han demostrado una efectividad fuera de toda duda. Los elementos principales de la metodología utilizada en este libro son precisamente la analogía (el conocimiento de una cosa a partir de otra semejante ya conocida), el condicionamiento (la repetición de una cosa hasta que, en virtud de repetirla, se vuelve un hábito, algo hecho de manera mecánica) y el conocimiento progresivo, partiendo de lo simple hasta alcanzar lo complejo.

Gracias a esta sistematización tanto los niños como los adultos pueden aprender un idioma extranjero del *mismo modo* en que aprendieron a hablar su propia lengua. Dicho en otras palabras, cuando un niño dice una frase como, por ejemplo: "Yo quiero mucho a mi mamá" o "¿Dónde están mis juguetes?", no está consciente de la estructura gramatical de sus frases ni tiene qué saber que utiliza artículos, verbos, sustantivos, etcétera, porque, de acuerdo a la teoría del conocimiento, pri-

El método

mero aprende a hablar y después, *y sólo después,* aprende las reglas formales.

Así pues, gracias a este método aplicado en la presente obra, los niños (pero también los adultos) aprenderán a manejar otro idioma casi sin darse cuenta de ello, pues, gracias a la repetición, lograrán asimilar las reglas sin necesidad de conocerlas.

El libro está dividido en módulos que comienzan manejando frases muy sencillas y que, a medida que se avanza, seguirán utilizando pero ya acompañadas de estructuras más complejas. De este modo, al término del curso aprenderán, sin apenas notarlo, un amplio vocabulario que, además, les permitirá articular frases complejas con las cuales podrán sostener una conversación que, si bien será algo limitada, les dará los fundamentos para progresar hasta alcanzar el pleno dominio del inglés.

Nota importante: la ayuda de los padres es fundamental al principio para que ayuden a los niños a distinguir a los personajes y sus nombres y a relacionar los dibujos con los textos. Después los niños podrán seguir por su cuenta, pero esta ayuda inicial es importantísima para alcanzar el éxito.

FIRST WORDS
(Primeras palabras)

 Mr. Jones

 Mrs. Jones

 Bobby

 Peter

 Linda

 Lucy

FIRST WORDS

You *(iu):* tú, usted, ustedes.
Mr. *(mister):* señor
Mrs. *(míses):* señora
What's your name? *(uáts iur neim):* ¿cómo te llamas?
My name is *(mai neim is):* me llamo.
Who are you? *(ju ar iu):* ¿quién eres?
I'm *(aim):* yo soy, me llamo.
Charles *(Charls):* Carlos.
Peter *(Píter):* Pedro.

What's your name? **What's your name?**
My name is Lucy. My name is Peter.

Inglés para niños

What's your name?
My name is Bobby.

What's your name?
My name is Linda.

What's your name?
My name is Charles Jones.
I'm Mr. Jones.

What's your name?
My name is Ana Jones.
I'm Mrs. Jones.

Who are you?
I'm Lucy.

Who are you?
I'm Peter.

First words

Who are you?
I'm Bobby.

Who are you?
I'm Linda.

Who are you?
I'm Mr. Jones.

Who are you?
I'm Mrs. Jones.

EJERCICIO

Marca con una cruz el cuadro con la respuesta correcta:

EJEMPLO:

What's your name?
My name is Lucy.

Inglés para niños

What's your name?
My name is Peter.

What's your name?
My name is Bobby.

What's your name?
My name is Linda.

What's your name?
My name is Mr. Jones.

First words

What's your name?
My name is Mrs. Jones.

EJERCICIO

Escribe la respuesta en la línea que está debajo de la pregunta.

EJEMPLO:

Who are you?   What's your name?
I'm Lucy.
_____   _____

Who are you?   What's your name?

_____   _____

Inglés para niños

Who are you?   What's your name?

WHO ARE YOU?
(¿Quién eres tú?)

NEW WORDS (Palabras nuevas)

Hello! *(jélou):* ¡Hola!
He is *(ji is):* él es
She is *(shi is):* ella es
We *(uí):* nosotros
They are *(dey ar):* ellos son, ellas son
And *(and):* y

Hello! I'm Lucy. Who are you?
I'm Peter.

Hello! I'm Peter. What's your name?
My name is Bobby.

Hello! I'm Bobby. Who are you?
I'm Linda.

Inglés para niños

Hello! I'm Linda. What's your name?
My name is Mr. Jones.

Hello! I'm Mr. Jones. Who are you?
I'm Lucy.

Hello! I'm Mrs. Jones. Who are you?
I'm Linda.

Who are they?
They are Lucy and Bobby.

Who are they?
They are Peter and Linda.

Who are you?

Who are they?
They are Mr. and Mrs. Jones.

Who are they?
They are Lucy and Linda.

Who are they?
They are Peter and Bobby.

Who is he?
He is Mr. Jones.

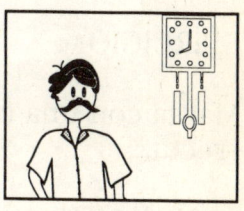

Who is he?
He is Peter.

Inglés para niños

Who is he?
He is Bobby.

Who is she?
She is Lucy.

Who is she?
She is Linda.

EJERCICIO

Marca con una cruz el cuadro con la respuesta correcta.

Hello! I'm Lucy. What's your name?
My name is Peter.

Who are you?

EJERCICIO

Marca con una cruz el cuadro con la respuesta correcta.

Hello! I'm Peter. Who are you?
I'm Bobby.

Hello! I'm Mr. Jones. Who are you?
I'm Lucy.

Hello! I'm Mrs. Jones. Who are you?
I'm Linda.

WHERE IS...?
(¿Dónde está...?)

NEW WORDS

Where is? *(uer is):* ¿dónde está?
Where are *(uer ar):* ¿dónde están?
Here *(jir):* aquí
The *(de):* el, la, los, las.
House *(jaus):* casa
Window *(uíndou):* ventana
Chair *(Cher):* silla
Table *(téibol):* mesa
Book *(buk):* libro
Shirt *(shert):* camisa
Trousers *(trúsers):* pantalones
Shoes *(shus):* zapatos
Dog *(dog):* perro
Car *(car):* auto
Ball *(bol):* pelota
Cup *(cop):* taza
Spoon *(spun):* cuchara
Knife *(naif):* cuchillo
Fork *(fork):* tenedor
Case *(keis):* portafolios

Inglés para niños

Where is your book?
Here is my book.

Where are your shoes?
Here are my shoes.

Where is the table?
Here is the table.

Where are the chairs?
Here are the chairs.

Where is your shirt?
Here is my shirt.

Where is...?

Where are your trousers?
Here are my trousers.

Where is your house?
Here is my house.

Where is the window?
Here is the window.

THIS IS (éste es, ésta es) - THAT IS (ése es, ésa es)
Observa cuando se usa *this* y cuándo *that*.

This is a dog.   That is a dog.

Inglés para niños

This is a car.

That is a car.

This is a ball.

That is a ball.

This is a dish.

That is a dish.

This is a cup.

That is a cup.

Where is...?

This is a spoon.

That is a spoon.

This is a knife.

That is a knife.

This is a fork.

That is a fork.

This is a case.

That is a case.

Inglés para niños

Escribe en la línea el nombre de cada cosa.

What is this?
This is _____

What is this?
This is _____

What is this?
This is _____

What is this?
This is _____

Where is...?

What is this?
This is_____

What is this?
This is_____

What is this?
This is_____

What is this?
This is_____

What is this?
This is_____

Inglés para niños

Ahora usa *that* y escribe toda la frase.

What is that?
_____

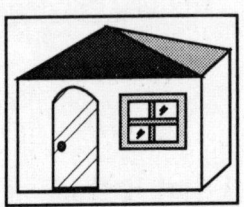

What is that?
_____

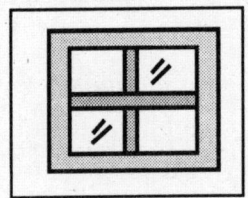

What is that?
_____

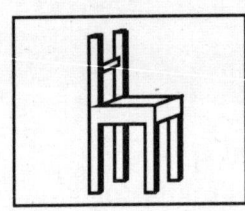

What is that?
_____

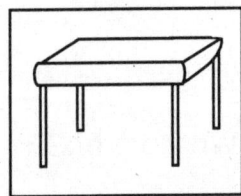

Where is...?

What is that?
_____

What is that?
_____
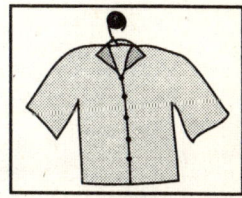

What is that?
_____
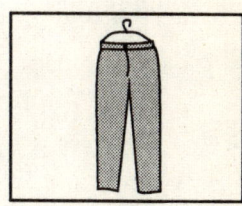

What is that?
_____

DO YOU HAVE?
(¿Tienes?)

NEW WORDS

Do you have? *(du iu jav):* ¿tienes?
Yes, I have *(yes, ai jav):* sí, yo tengo
Cat *(cat):* gato
Apple *(ápel):* manzana
Umbrella *(ambréla):* paraguas
Orange *(óranch):* naranja
Office *(ófis):* oficina

Revisa lo siguiente con atención para que relaciones los dibujos con las palabras.

Bobby:
Do you have a cat?
Linda:
Yes, I have a cat.

Bobby:
Do you have a car?
Mr. Jones:
Yes, I have a car.

Inglés para niños

Bobby:
Do you have a ball?
Peter:
Yes, I have a ball.

Bobby:
Do you have a dog?
Lucy:
Yes, I have a dog.

Lucy:
Do you have an apple?
Linda:
Yes, I have an apple.

Lucy:
Do you have an umbrella?
Mrs. Jones:
Yes, I have an umbrella.

Lucy:
Do you have an orange?
Peter:
Yes, I have an orange.

Do you have?

Lucy:
Do you have an office?
Mr. Jones:
Yes, I have an office.

Mrs. Jones:
Does she have a cat?
Linda:
Yes, she has a cat.

Mrs. Jones:
Does he have a car?
Linda:
Yes, he has a car.

Mrs. Jones:
Does he have a ball?
Linda:
Yes, he has a ball.

Mrs. Jones:
Does she have a dog?
Linda:
Yes, she has a dog.

Inglés para niños

EJERCICIO

Ahora sólo tienes los dibujos. Tú escribe las palabras. Cópialas, no necesitas memorizarlas.

Do you have?

Inglés para niños

THE HOUSE
(La casa)

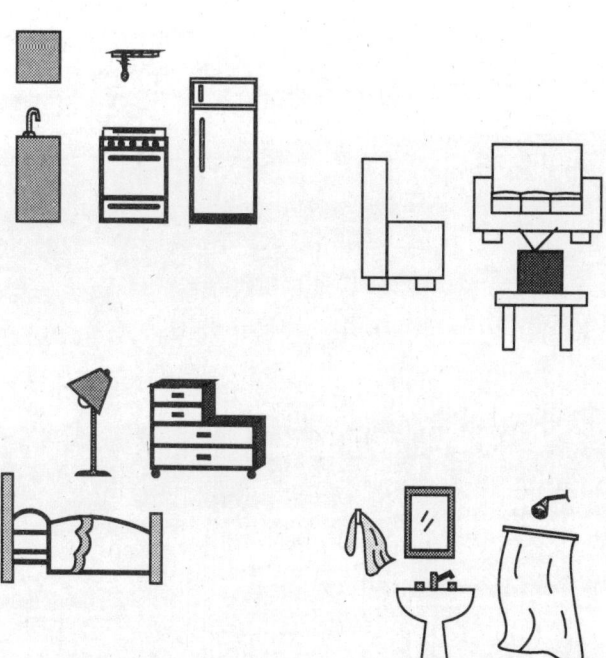

NEW WORDS

The bathroom *(de bádrum):* el baño
The toilet *(de tóilet):* la taza
A bedroom *(a bédrum):* una recámara
The living room *(de lívin rum):* la sala
The kitchen *(de kítchen):* la cocina
The dining room *(de dáinin rum):* el comedor
The garage *(de garásh):* la cochera

Where is Mr. Jones?
He is in the garage.
Mr. Jones is in the garage.

Where is Bobby?
He is in the living room.
Bobby is in the living room.

Where is Linda?
She is in the kitchen.
Linda is in the kitchen.

Inglés para niños

Where is Lucy?
She is in the bathroom.
Lucy is in the bathroom.

Where is Peter?
Peter is in the garden.

Where is Mrs. Jones?
Mrs. Jones is in a bedroom.

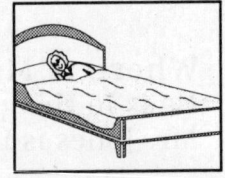

Where is Linda?
Linda is in the dining room.

Peter: Where is the television?
Bobby: It's in the living room.

The house

Linda: Where is the bed?
Lucy: It's in the bedroom

Bobby: Where is the spoon?
Linda: It's in the kitchen.

Peter: Where is the car?
Mr. Jones: It's in the garage.

Lucy: What is this?
Bobby: A chair.

Lucy: What is this?
Bobby: A table.

Inglés para niños

Lucy: And what is that?
Bobby: The cat.

Peter: What is that?
Lucy: The dog.

En el siguiente ejercicio, responde las preguntas relacionadas con los dibujos:

Where is Bobby?

_____

Where is Linda?

_____

The house

Where is Mrs. Jones?

_____

Where is Peter?

_____

What is this?

_____

What is this?

_____

What is that?

_____

WHAT ARE YOU DOING?

(¿Qué estás haciendo?)

NEW WORDS

Good Morning *(Gud mórnin):* buenos días
Taking a bath *(Téikin a bat):* bañándose
Watching T.V. *(úatchin ti vi):* viendo televisión
Reading a book *(rídin a buk):* leyendo un libro
Very well *(veri uel):* muy bien
Parents *(párents):* padres
Working *(uórkin):* trabajando
Good bye *(gud bái):* adiós
Thank you *(ténkiu):* gracias

Mr. Jones: Good morning Peter. Where is Lucy?
Peter: Good morning Mr. Jones. Lucy is taking a bath.

Inglés para niños

Mr. Jones: I see. And Linda?
Peter: She is watching T.V.

Mr. Jones: What are you doing?
Peter: I'm reading a book.

Mr. Jones: Very well. And where are your parents?
Peter: They are working, Mr Jones.

What are you doing?

Mr. Jones: Well, Peter. Good bye and thank you.
Peter: Good bye, Mr. Jones.

Where is Lucy?
She is in the bathroom.
What is she doing?
She is taking a bath.

Where is Linda?
She is in the bedroom.
What is she doing?
She is watching T.V.

Where is Peter?
He is in the living room.
What is he doing?
He is reading a book.

Inglés para niños

Ahora copia todas las palabras que correspondan a cada dibujo.

What are you doing?

Inglés para niños

EJERCICIO

Fíjate bien en estas palabras para que resuelvas el ejercicio:

Swimming with the dog at the pool *(suímin uit de dog at de pul)*: nadando con el perro en la alberca

Playing with the cat in the garden *(pléyin uit de cat in de garden)*: jugando con el gato en el jardín

Playing guitar in the room *(pléyin guitar in de room)*: tocando guitarra en el cuarto

Lucy and Linda are swimming with the dog at the pool.

Where are they?
They are at the pool.
What are they doing?
Swimming with the dog.

What are you doing?

Ahora contesta tú mismo:

Bobby is playing with the cat in the garden.

Where is he?

_____

What is he doing?

_____

Peter is playing guitar in the room.

Where is he?

_____

What is he doing?

_____

Inglés para niños

EJERCICIO

Who is he?

___

Where is he?

___

What is he doing?

___

Who is she?

___

Where is she?

___

What is she doing?

___

What are you doing?

Bobby: Hello, Lucy! What are you doing?

Linda: Hello, Peter! What are you doing?

THE FAMILY
(La familia)

NEW WORDS

Father *(fáder):* papá
Mother *(móder):* mamá
Brother *(bróder):* hermano
Sister *(síster):* hermana
Friend *(frend):* amigo, amiga
My *(mai):* mi
Sleeping *(slípin):* durmiendo
Singing *(sínguin):* cantando

Who is he?
He is my father.
Where is he?
He is in the living room.
What is he doing?
He is watching T.V.

Who is she?
She is my mother.
Where is she?
She is in the kitchen.
What is she doing?
She is cooking.

Inglés para niños

Who is he?
He is my brother.
Where is he?
He is in the bathroom.
What is he doing?
He is taking a bath.

Who is she?
She is my sister.
Where is she?
She is in the bedroom.
What is she doing?
She is sleeping.

Who are they?
They are my friends.
Where are they?
They are in the garden.
What are they doing?
They are singing.

The family

EJERCICIO

He is my father.

He is in the living room.

He is watching T.V.

She is my mother.

She is in the kitchen.

She is cooking.

He is my brother.

He is in the bathroom.

He is taking a bath.

Inglés para niños

She is my sister.

She is in the bedroom.

She is sleeping.

They are my friends.

They are in the garden.

They are singing.

Who is he?

Where is he?

What is he doing?

The family

Who is she?

_____

Where is she?

_____

What is she doing?

_____

Who is he?

_____

Where is he?

_____

What is he doing?

_____

Who is she?

_____

Where is she?

_____

What is she doing?

_____

Inglés para niños

Who are they?

_____

Where are they?

_____

What are they doing?

_____

NUMBERS AND COLORS

(Números y colores)

NEW WORDS

Yellow *(yélou):* amarillo
Black *(blak):* negro
Blue *(blu):* azul
Brown *(braun):* café
Green *(grin):* verde
Gray *(grey):* gris
White *(juáit):* blanco
Red *(red):* rojo
Multicolored *(multicólor):* multicolor
one *(uan):* uno
two *(tu):* dos
three *(tri):* tres
four *(for):* cuatro
five *(faiv):* cinco
six *(sics):* seis
seven *(seven):* siete
eight *(eijt):* ocho
nine *(nain):* nueve
ten *(ten):* diez

The book is yellow.

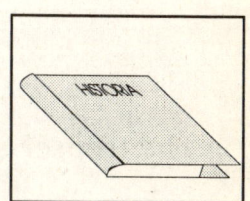

Inglés para niños

The shoes are black.

The house is white.
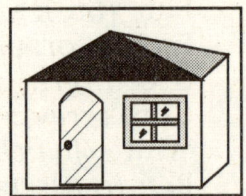

The chair is brown.

The shirt is green.

The trouser are gray.
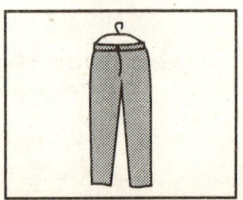

Numbers and colors

The car is blue.

The apple is red.

The ball is multicolored.

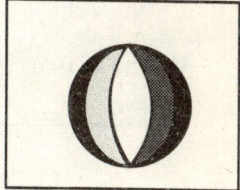

EJERCICIO

What color is *(juat cólor is):* de qué color es.

What color is the book?

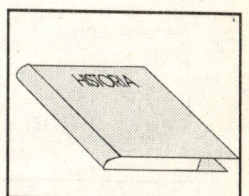

_____

Inglés para niños

What color are the shoes?
_____

What color is the house?
_____

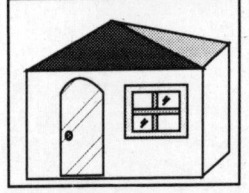

What color is the chair?
_____

What color is the shirt?
_____

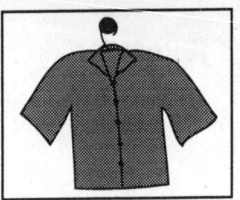

What color are the trouser?
_____

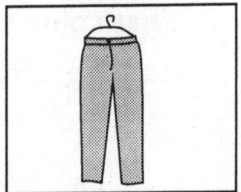

Numbers and colors

What color is the car?

_____

What color is the apple?

_____

What color is the ball?

_____

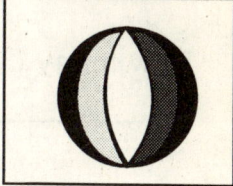

EJERCICIO

Para resolver este ejercicio sólo necesitas recordar que how many *(jao meni)* significa cuántos y cuántas.

How many balls are here?

_____

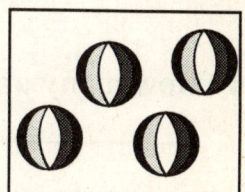

Inglés para niños

How many cars are here?
_____
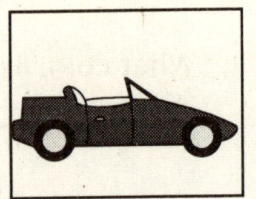

How many shoes are here?
_____

How many chairs are here?
_____
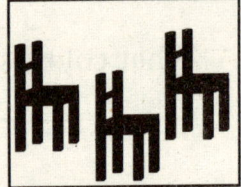

How many books are here?
_____
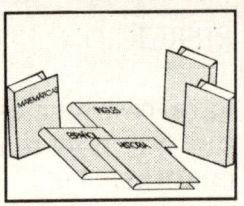

How many apples are here?
_____

Numbers and colors

How many balls are here?

_____

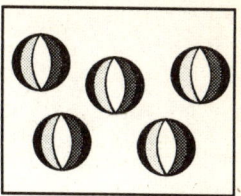

How many books are here?

_____

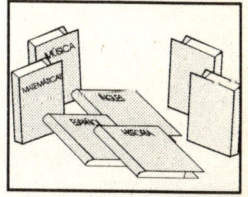

ONE MORE TIME
(Una vez más)

Vamos a repasar lo que has aprendido hasta aquí.
También aprenderás algo nuevo.

I have a dog: yo tengo un perro.
You have a car: tú tienes un carro.
He has a cat: él tiene un gato.
She has an apple: ella tiene una manzana.
We have a house: nosotros tenemos una casa.
Yo have a ball: ustedes tienen una pelota.
They have a table: ellos tienen una mesa.

Si quitas HAVE *(jav)* y pones WANT *(uant)*, la frase cambia de significado (observa que en HE y en SHE debes añadir una 's' a la palabra):

I want a dog: yo quiero un perro.
You want a car: tú quieres un carro.
He wants a cat: él quiere un gato.
She wants an apple: ella quiere una manzana.
We want a house: nosotros queremos una casa.
You want a ball: ustedes quieren una pelota.
They want a table: ellos quieren una mesa.

¿Ves qué fácil? Ahora te toca a ti. Usa la misma lista pero con dos palabras diferentes: SEE *(si)* : ver, y NEED *(nid)* necesitar. Luego escribe en la columna de la derecha su significado en español.

Inglés para niños

I _____see_____ a dog.   Yo veo un perro.
You_____ a car.   _____
He _____ a cat.   _____
She_____ an apple. _____
We _____ a house.   _____
You_____ a ball.   _____
They_____ a table.   _____

I _____need_____ a dog. Yo necesito un perro.
You_____ a car.   _____
He _____ a cat.   _____
She_____ an apple. _____
We _____ a house.   _____
You_____ a ball.   _____
They_____ a table.   _____

La siguiente lista te servirá para que aprendas cómo decir más cosas en inglés. Te recomiendo que hagas ejercicios con ellas:

I swim *(ai suim)* : yo nado.
I run *(ai ron)* : yo corro.

One more time

I sleep *(ai slip)* : yo duermo.
I eat *(ai it)* : yo como.
I sing *(ai sing)* : yo canto.
I play *(ai plei)* : yo juego.
I smile *(ai smail)* : yo sonrío.
I work *(ai uork)* : yo trabajo.
I learn *(ai lern)* : yo aprendo.

EJERCICIO

Ahora vamos a combinar todo lo anterior con números. Si todavía no los aprendes, repásalos antes de hacer este ejercicio.

EJEMPLO:

You have (2) *two* cars: tú tienes dos carros.
He sees (4) *four* cats: él ve cuatro gatos.
They want (3) *three* tables: ellos quieren tres mesas.
She needs (6) *six* apples: ella necesita seis manzanas.

Ustedes quieren (4) manzanas.

Él quiere (3) casas.

Inglés para niños

Nosotros tenemos (10) mesas.

___

Yo veo (6) carros.

___

Ella necesita (7) manzanas.

___

I have (2) cats.

___

They need (9) balls.

___

She wants (5) dogs.

___

We see (8) cars.

___

He has (1) house.

___

LUCY AT THE STATIONERY SHOP

(Lucy en la papelería)

NEW WORDS

How are you? *(jao ar iu):* ¿cómo estás? ¿cómo te va?
Very well *(veri uel):* muy bien
Please *(plis):* por favor
What can I do for you *(juat can ai du for iu):* ¿qué se te ofrece?
Good bye *(gud bai):* adiós
Woman *(uoman):* mujer
I would like *(ai gud laik):* yo quisiera
Pen *(pen):* pluma
Pencil *(pénsil):* lápiz
Pencil sharpener *(pénsil shárpener):* sacapuntas

Woman: Hello! How are you?
Lucy: Very well, thank you!

Inglés para niños

Woman: What's your name?
Lucy: My name is Lucy.

Woman: What can I do for you?
Lucy: I would like two pencils and two pens, please.

Woman: Pencils. What color do you want?
Lucy: I want one red and one black, please.

Lucy at the stationery shop

Woman: And pens?
Lucy: What colors do you have?

Woman: Green and blue.
Lucy: I need two blue pens, please.

Woman: Two pencils. One red and one black.
    And two blue pens.
Lucy: Thank you.

Inglés para niños

Ahora haz este ejercicio para que sepas pedir más cosas en la papelería:

EJEMPLO:

I would like (3) <u>three</u> blue pencils:
<u>Yo quisiera tres lápices azules.</u>

I would like (5)_____ stamps *(stamps)*.
_____ timbres postales.

We would like (2)_____ pencil sharpeners.

_____

I would like (10)_____ pieces of paper *(pises of péiper)* hojas de papel.

_____

We would like (6)_____ postcards *(poscards)* tarjetas postales.

_____

I would like (3)_____ yellow pens.

_____

We would like (4)_____ red pencils.

_____

Lucy at the stationery shop

I would like (2) _____ rulers *(rúlers)* reglas.

_____

We would like (5) _____ notebooks *(nóutbuks)* cuadernos.

_____

Por último, escribe en inglés estas frases:

Yo quisiera nueve hojas de papel.

_____

Nosotros quisiéramos cuatro plumas verdes.

_____

Yo quisiera tres reglas.

_____

Nosotros quisiéramos seis cuadernos.

_____

Yo quisiera dos sacapuntas.

_____

Inglés para niños

Recuerda que si cambias unas palabras por otras, puedes pedir las cosas de manera distinta. Fíjate:

I would like five postcards
Yo quisiera cinco tarjetas postales

I need five postcards
Yo necesito cinco tarjetas postales

I want five postcards
Yo quiero cinco tarjetas postales

WHAT IS THIS?

(¿Qué es esto?)

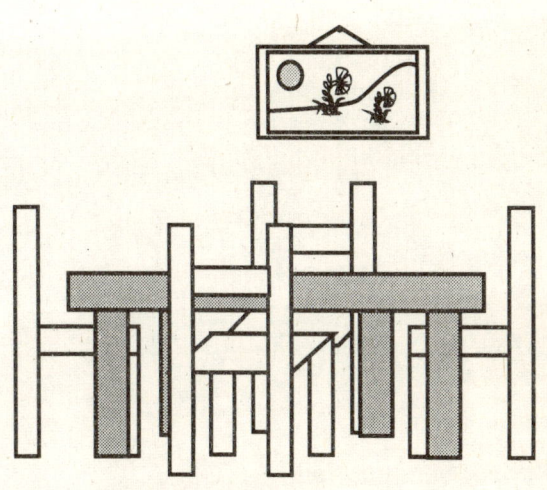

NEW WORDS

Bed *(bed):* cama
Lamp *(lamp):* lámpara
Stove *(stov):* estufa
Refrigerator *(refriyeréitor):* refrigerador
Picture *(píkchur):* cuadro
Mirror *(mírror):* espejo
Sofa *(sófa):* sofá
Towel *(táuel):* toalla
Bowl *(bóul):* taza
T.V. *(tívi):* televisión

EJERCICIO

EJEMPLO:

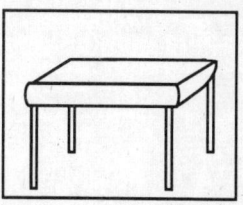

What is this?
This is <u>the table</u>

Inglés para niños

What is this?
This is _____

What is this?
This is _____

What is this?
This is _____

What is this?
This is _____

What is this?

What is this?
This is _____

What is this?
This is _____

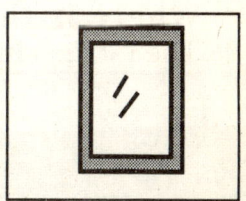

What is this?
This is _____

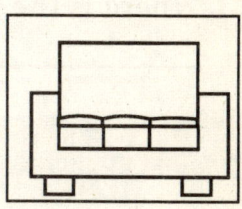

What is this?
This is _____

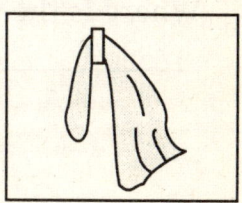

Inglés para niños

EJERCICIO

EJEMPLO:

Where is the table?
The table is in the living room.

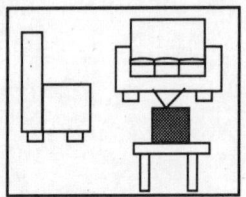

Where is the lamp?

_____

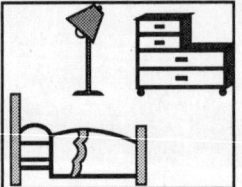

Where is the stove?

_____

What is this?

Where is the refrigerator?
_____

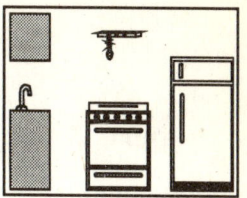

Where is the picture?
_____
_____

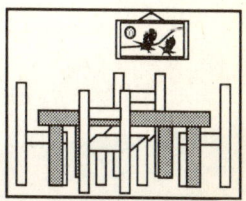

Where is the mirror?
_____
_____

Where is the sofa?
_____

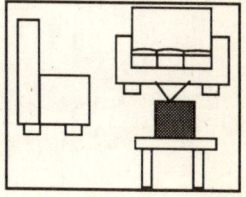

Inglés para niños

Where is the bed?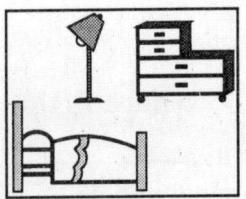
_____

Where is the towel?
_____

What is this?

EJERCICIO

Une con una línea las palabras que signifiquen lo mismo, como en el ejemplo.

Three	Cuatro
Yellow	Gris
Seven	Dos
Black	Blanco
Two	Uno
Blue	Café
One	Siete
Brown	Negro
Four	Diez
Green	Azul
Nine	Nueve
Gray	Amarillo
Ten	Ocho
White	Verde
Eight	Tres
Red	Multicolor
Five	Seis
Multicolored	Rojo
Six	Cinco

THE DAYS OF THE WEEK

(Los días de la semana)

NEW WORDS

Day *(dei)*: día
Sunday *(sóndei)*: domingo
Monday *(móndei)*: lunes
Tuesday *(Tuísdei)*: martes
Wednesday *(vensdei)*: miércoles
Thursday *(térsdei)*: jueves
Friday *(fráidei)*: viernes
Saturday *(sárurdei)*: sábado
Yesterday *(yésterdei)*: ayer
Today *(tudéi)*: hoy
Tomorrow *(tumórrou)*: mañana
Everyday *(évridei)*: todos los días
Week *(uik)*: semana
Was *(uas)*: fue

Inglés para niños

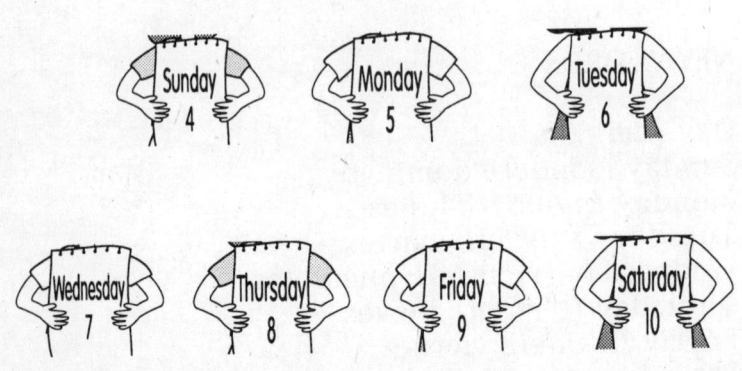

EJERCICIO

Escribe la respuesta como en el ejemplo:

What day is today?
(¿Qué día es hoy?)
Today is sunday.

What day is today?
_____

The days of the week

What day is today?
_____

What day is today?
_____

What day is today?
_____

What day is today?
_____

What day is today?
_____

Inglés para niños

EJERCICIO

¿Qué haces todos los días? Fíjate en el ejemplo y luego resuelve el ejercicio.

EJEMPLO:

My father drives the car everyday.
Mi papá maneja el carro todos los días.

I sleep in my bedroom everyday.

The days of the week

I wake up everyday.

I take a bath everyday.

I eat everyday.

Inglés para niños

EJERCICIO

Resuelve este ejercicio como en el ejemplo:

EJEMPLO:

Today is Sunday. Yesterday was Saturday. Tomorrow is Monday.

Hoy es domingo. Ayer fue sábado. Mañana es lunes.

Today is Monday. Yesterday was Sunday. Tomorrow is Tuesday.

_____

_____

Today is Tuesday. Yesterday was Monday. Tomorrow is Wednesday.

_____

_____

Today is Wednesday. Yesterday was Tuesday. Tomorrow is Thursday.

_____

_____

The days of the week

Today is Thursday. Yesterday was Wednesday. Tomorrow is Friday.

_____

_____

Today is Friday. Yesterday was Thursday. Tomorrow is Saturday.

_____

_____

Today is Saturday. Yesterday was Friday. Tomorrow is Sunday.

_____

_____

EJERCICIO

Ahora traduce al inglés.

Hoy es domingo. Ayer fue sábado. Mañana es lunes.

_____

_____

Inglés para niños

Hoy es lunes. Ayer fue domingo. Mañana es martes.

_____

_____

Hoy es martes. Ayer fue lunes. Mañana es miércoles.

_____

_____

Hoy es miércoles. Ayer fue martes. Mañana es jueves.

_____

_____

Hoy es jueves. Ayer fue miércoles. Mañana es viernes.

_____

_____

Hoy es viernes. Ayer fue jueves. Mañana es sábado.

_____

_____

The days of the week

Hoy es sábado. Ayer fue viernes. Mañana es domingo.

_____

_____

Ahora, con sólo tres palabras más, aprenderás a señalar las partes del día:

Morning *(morning):* mañana
Afternoon *(afternún):* tarde
Night *(naigt):* noche

EJERCICIO

Si observas bien el ejemplo, podrás resolver con facilidad el ejercicio:

Domingo por la mañana: <u>Sunday morning.</u>

Lunes por la tarde: _____

Martes por la tarde: _____

Miércoles por la mañana: _____

Jueves por la tarde: _____

Viernes por la noche: _____

Inglés para niños

Sábado por la mañana: _____

Ayer por la mañana: _____

Hoy por la tarde: _____

Mañana por la noche: _____

REVIEW
(Repaso)

Este repaso te servirá para reafirmar definitivamente tus conocimientos. Lo que tienes que hacer es ir a la página que te señalamos y copiar las palabras tal como están y luego traducirlas.

Fíjate en el ejemplo:

What's your name?
My name is Bobby.

What's your name?
My name is Linda.

¿Cuál es tu nombre?
Mi nombre es Bobby.

¿Cuál es tu nombre?
Mi nombre es Linda.

Inglés para niños

EJERCICIO 1
(Ver páginas 14 y 15).

_____
_____
_____

_____
_____
_____

_____
_____

_____
_____

Review

Inglés para niños

_____ _____
_____ _____

EJERCICIO 2
(Ver páginas 17 y 18).

_____ _____

_____ _____

Review

Inglés para niños

_____   _____
_____   _____

EJERCICIO 3
(Ver página 23).

_____
_____

_____
_____

Review

Inglés para niños

_____
_____

_____
_____

_____
_____

EJERCICIO 4

(Ver la página 32).

_____   _____

Review

Inglés para niños

Review

EJERCICIO 5
(Ver página 42).

Inglés para niños

Review

EJERCICIO 6
(Ver página 51).

_____
_____

_____
_____

_____
_____

_____
_____

Inglés para niños

Review

EJERCICIO 7
(Ver página 59).

_____
_____
_____
_____

_____
_____
_____
_____

_____
_____
_____
_____

_____
_____
_____
_____

Inglés para niños

_____
_____
_____
_____

_____
_____
_____

EJERCICIO 8

(Ver página 70).

_____
_____
_____
_____
_____

Review

Inglés para niños

EJERCICIO 9
(Ver página 80).

Review

Inglés para niños

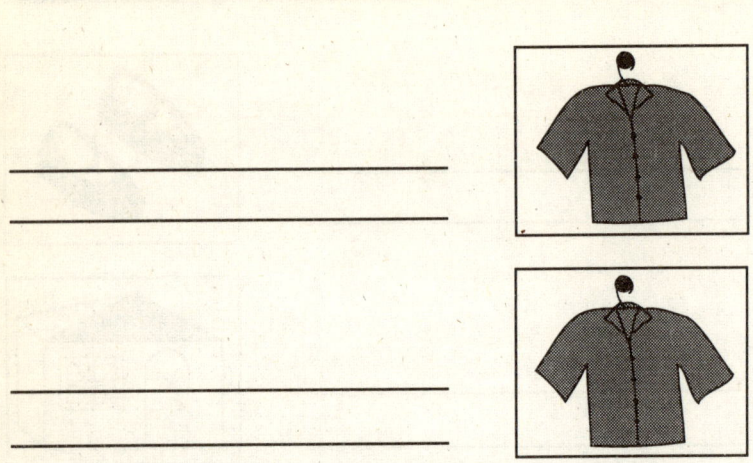

_____

_____

_____

_____

EJERCICIO 10

Repasa todo el capítulo llamado *One more time*. (Ver páginas 87 a 90).

EJERCICIO 11

Haz este ejercicio y cuando lo termines verifica tus respuestas en las páginas 96 y 97.

EJEMPLO:

I would like (3) <u>three</u> blue pencils:
<u>Yo quisiera tres lápices azules.</u>

Review

I would like (5)_____stamps *(stamps)*.

_____timbres postales.

We would like (2)_____pencil sharpeners.

_____

I would like (10)_____pieces of paper *(pises of péiper)* hojas de papel.

_____

We would like (6)_____postcards *(poscards)* tarjetas postales.

_____

I would like (3)_____yellow pens.

_____

We would like (4)_____red pencils.

_____

I would like (2) _____ rulers *(rúlers)* reglas.

_____

We would like (5) _____ notebooks *(nóutbuks)* cuadernos.

_____

Inglés para niños

Por último, escribe en inglés estas frases:

Yo quisiera nueve hojas de papel.
_____

Nosotros quisiéramos cuatro plumas verdes.
_____

Yo quisiera tres reglas.
_____

Nosotros quisiéramos seis cuadernos.
_____

Yo quisiera dos sacapuntas.
_____

VOCABULARY
(Vocabulario)

En esta lista encontrarás muchas palabras más que tienen la particularidad de que se escriben y se pronuncian casi igual en inglés que en español. Te será muy útil para ampliar tu vocabulario. ¡Memoriza todas las que puedas!

A

acid *(éisid)*: ácido.
acrobat *(ácrobat)*: acróbata.
actor *(áctor)*: actor.
admirable *(admírabl)*: admirable.
adolescent *(adólesent)*: adolescente.
adult *(adólt)*: adulto.
aerobic *(eróbic)*: aeróbico.
aeronaut *(éronot)*: aeronauta.
agenda *(ayénda)*: agenda.
agriculture *(agricólchor)*: agricultura.
alarm *(alárm)*: alarma.
alcohol *(álcojol)*: alcohol.
algebra *(ályebra)*: álgebra.
ambient (*ámbient)*: ambiente.
american *(américan)*: americano.
angel (ényel): ángel.
animal *(ánimal)*: animal.
aquarium *(akuérium)*: acuario.
arc *(ark)*: arco.
ambulance *(ámbiulans)*: ambulancia.

Inglés para niños

artist (ártist): artista.
astronaut (ástronot): astronauta.
attention (aténshon): atención.
august (ógost): agosto.
auto (óto): auto.
automatic (otomátic): automático.

B

bank (bank): banco.
bicycle (báicicl): bicicleta.
bomb (bomb): bomba.
bronze (brons): bronce.
button (bóton): botón.

C

capsule (cápsul): cápsula.
carpenter (cárpenter): carpintero.
cereal (sírial): cereal.
ceremony (seremóni): ceremonia.
chili (chíli): chile.
chronometer (kronómeter): cronómetro.
circus (sírkus): circo.
class (klas): clase.
clarinet (klárinet): clarinete.
color (kólor): color.
crocodile (krókodail): cocodrilo.
competition (kompetishon): competencia.

Vocabulary

composition *(komposishon)*: composición.
conduct *(kónduct)*: conducta.
convent *(kónvent)*: convento.
coyote *(kióte)*: coyote.
cream *(krim)*: crema.
cruel *(krul)*: cruel.

D

december *(disémber)*: diciembre.
demon *(démon)*: demonio.
dentist *(déntist)*: dentista.
detective *(detéctif)*: detective.
different *(díferent)*: diferente.
dinosaur *(dínesor)*: dinosaurio.
disk *(dísk)*: disco.
distance *(dístans)*: distancia.
doctor *(dóktor)*: doctor.
dolphin *(dólfin)*: delfín.

E

eclipse *(eklíps)*: eclipse.
elastic *(elástik)*: elástico.
electricity *(elektísiti)*: electricidad.
elegant *(élegant)*: elegante.
elephant *(élefant)*: elefante.
emergency *(eméryensi)*: emergencia.
enemy *(énemi)*: enemigo.

Inglés para niños

enormous *(enórmus)*: enorme.
energy *(éneryi)*: energía.
exam *(eksám)*: examen.
excellent *(ékselent)*: excelente.

F

false *(fols)*: falso.
family *(fámili)*: familia.
favor *(féivor)*: favor.
february *(fébruari)*: febrero.
focus *(fócus)*: foco.
fortune *(fórchun)*: fortuna.
fruit *(frut)*: fruta.
furious *(fúrius)*: furioso.

G

gas *(gas)*: gas.
general *(yéneral)*: general.
genius *(yínius)*: genio.
guitar *(guítar)*: guitarra.
gymnastic *(yimnástik)*: gimnasia.

H

helicopter *(jelikópter)*: helicóptero.
hero *(jírou)*: héroe.

Vocabulary

history *(jístori)*: historia.
honor *(jónor)*: honor.
horizon *(joráison)*: horizonte.
human *(jiúman)*: humano.
hymn *(jimn)*: himno.

I

idea *(aidía)*: idea.
idiom *(ídiom)*: idioma.
image *(ímach)*: imagen.
immens *(iméns)*: inmenso.
important *(impórtant)*; importante.
independence *(indépendens)*: independencia.
industry *(índustri)*: industria.
inferior *(infírior)*: inferior.
insect *(ínsekt)*: insecto.
institute *(ínstitiut)*: instituto.
intelligent *(intéliyent)*: inteligente.
investigation *(investiguéishon)*: investigación.
invisible *(inbísibol)*: invisible.
invitation *(inbitéishon)*: invitación.

J

july *(yulái)*: julio.
june *(yun)*: junio.

Inglés para niños

K

kilogram *(kílogram)*: kilogramo.
kilometer *(kilómeter)*: kilómetro.

L

laboratory *(lábratori)*: laboratorio.
lament *(láment)*: lamento
legend *(léyend)*: leyenda.
lemon *(lémon)*: limón.
list *(list)*: lista.

M

magic *(máyic)*: magia.
map *(map)*: mapa.
march *(march)*: marzo.
mariner *(máriner)*: marinero.
matrimony *(matrimóni)*: matrimonio.
may *(mei)*: mayo.
mechanic *(mekánic)*: mecánico.
medal *(médal)*: medalla.
melody *(mélodi)*: melodía.
memory *(mémori)*: memoria.
meteor *(méteor)*: meteoro.
meter *(míter)*: metro.
miniature *(míniachur)*: miniatura.
minute *(mínut)*: minuto.

Vocabulary

mulplication *(multiplikéishon)*: multiplicación.
music *(miúsik)*: música.
mystery *(místeri)*: misterio.

N

natural *(náchural)*: natural.
neutral *(néutral)*: neutral.
november *(nobémber)*: noviembre

O

ocean *(óushan)*: océano.
october *(október)*: octubre.
ogre *(ogr)*: ogro.
olympic *(olímpik)*: olímpico.
operation *(operéishon)*: operación.
opportunity *(oportúniti)*: oportunidad.
order *(órder)*: orden.
original *(oríyinal)*: original.
oxygen *(ócsiyen)*: oxígeno.

P

palace *(pálas)*: palacio.
pants *(pants)*: pantalones.
pearl *(pérl)*: perla.
perfect *(pérfekt)*: perfecto.

Inglés para niños

perfume *(pérfium)*: perfume.
person *(pérson)*: persona.
photography *(fotógrafi)*: fotografía.
piano *(piano)*: piano.
pistol *(pístol)*: pistola.
planet *(plánet)*: planeta.
plastic *(plástik)*: plástico.
police *(polís)*: policía.
popular *(pópiular)*: popular.
positive *(pósitif)*: positivo.
present *(présent)*: presente.
prince *(prins)*: príncipe.
princess *(prínses)*: princesa.
problem *(próblem)*: problema.
program *(prógram)*: programa.
public *(públik)*: público.
punctual *(pónkshual)*: puntual.

R

racket *(ráket)*: raqueta.
radar *(rádar)*: radar.
radio *(réidio)*: radio.
rapid *(rápid)*: rápido.
rat *(rat)*: rata.
real *(ríal)*: real.
relation *(riléishon)*: relación.
religion *(relíyon)*: religión.
republic *(ripóblik)*: república.
restaurant *(réstorant)*: restaurante.

Vocabulary

reunion *(riúnion)*: reunión.
robot *(róbot)*: robot.
rose *(róus)*: rosa.

S

scandal *(skándal)*: escándalo.
secret *(síkret)*: secreto.
sentimental *(sentímental)*: sentimental.
sensation *(senséishon)*: sensación.
september *(septémber)*: septiembre.
serenity *(seréniti)*: serenidad.
service *(sérbis)*: servicio.
situation *(situéishon)*: situación.
social *(sóshal)*: social.
soldier *(sóldier)*: soldado.
space *(spéis)*: espacio.
special *(spéshal)*: especial.
spirit *(spírit)*: espíritu.
station *(stéishon)*: estación.
student *(stiúdent)*: estudiante.
superior *(supírior)*: superior.
symbol *(símbol)*: símbolo.

T

talc *(talk)*: talco.
telegram *(télegram)*: telegrama.
telephone *(télefon)*: teléfono.

Inglés para niños

terrible *(térribol)*: terrible.
termometer *(termómeter)*: termómetro.
timid *(tímid)*: tímido.
total *(tótal)*: total.
tradition *(tradíshon)*: tradición.
train *(tréin)*: tren.
transparent *(tránsparent)*: transparente.

U

ultimate *(últemit)*: último.
undulation *(onduléishon)*: ondulación
unicorn *(iúnicorn)*: unicornio.
uniform *(iúniform)*: uniforme.
union *(yúnion)*: unión.
universe *(iúnibers)*: universo.
urgent *(éryent)*: urgente.

V

vacation *(bakéishon)*: vacaciones.
vague *(bag)*: vago.
valley *(báli)*: valle.
vampire *(bámpair)*: vampiro.
verb *(berb)*: verbo.
vertical *(bértical)*: vertical.
violin *(báiolin)*: violín.
vitamin *(bítamin)*: vitamina.
volcano *(bolkéino)*: volcán.

Vocabulary

W

wagon *(uégon)*: vagón.
waltz *(uólts)*: vals

Y

yard *(iárd)*: yarda.

Z

zebra *(sébra)*: cebra.
zero *(sírou)*: cero.
zodiac *(sódiac)*: zodiaco.

Esta edición se imprimió en Junio de 2007. Grupo Impresor Mexicano. Av. De Río frío No 35 México, D.F. 08510